AF253647

I 27 n
25010

ÉTUDE

SUR

LA DERNIÈRE CONVERSION DE PASCAL,

PAR M. DELÈGUE,

MEMBRE DE LA SOCIÉTÉ DUNKERQUOISE, PROFESSEUR DE PHILOSOPHIE AU COLLÉGE.

Il est dans la vie de Pascal un fait d'une importance capitale pour l'explication des écrits qu'il composa dans la seconde moitié de sa carrière. Ce fait est celui de sa dernière conversion. A partir de ce moment, Pascal renonça aux études scientifiques et à la gloire des découvertes dont il ne cessait d'étonner le monde savant. Il embrassa avec passion les intérêts de la religion et de Port-Royal, tourna l'activité dévorante de son esprit vers les questions de morale et de philosophie religieuse, et créa, pour l'expression de ces pensées nouvelles, une langue incomparable, où la clarté géométrique étincelle de tous les feux de l'imagination du poëte.

Quelle fut la cause d'un tel changement dans l'état moral d'un si puissant génie? Quel est l'événement qui détourna si brusquement le cours de ses méditations fécondes, et leur creusa pour ainsi dire un autre lit? Telle est la question que nous nous proposons ici d'examiner.

A voir l'accord qui règne parmi les nombreux récits que l'on a faits de nos jours, et depuis le xviiie siècle, sur la conversion de Pascal, rien, ce semble, ne devrait être plus fermement établi que les circonstances dans lesquelles elle s'est produite. A ne consulter que les autorités les plus considérables parmi les modernes, il faudrait admettre, comme un fait définitivement acquis à l'histoire, que cette révolution morale, qui amena la conversion de Pascal, se produisit à la suite de la commotion physique de l'accident du pont de Neuilly. Ce carrosse à quatre ou six chevaux dans lequel Pascal promène sa vie mondaine; cette frayeur soudaine qui met le mors aux dents aux deux chevaux de volée et les précipite dans la rivière, tandis qu'un hasard merveilleux, faisant rompre les traits, retient le carrosse sur le bord du précipice : tel est le prélude obligé de cette histoire. On croirait omettre un élément essentiel dans l'explication de Pascal, tel que l'a fait sa retraite à Port-Royal, si l'on ne parlait pas de cette impression terrible, comme l'appelle un éminent critique[1]. Tous n'attribuent pas à cette aventure la même influence; mais tous l'admettent ou la supposent.

Quelques-uns[2], en présence des témoignages les plus authentiques et du faisceau de preuves irrésistibles que forme leur imposant accord, veulent bien reconnaître que, dans la conversion de Pascal, l'accident du pont de Neuilly n'apparaît que ce qu'il fut en effet, disent-ils, c'est-à-dire comme un accident. Il eût été mieux de reconnaître que, en remontant aux véritables sources, cet accident, cette aventure n'apparaît en aucune manière. C'est un des points que je me propose d'établir.

Mais il ne suffit pas de montrer qu'aucune raison sérieuse n'autorise à admettre un rapport de dépendance entre l'accident du pont de Neuilly et la conversion de Pascal; examinons encore sur quels fondements repose cette anecdote elle-même. En face des conséquences qu'on a voulu en tirer, il importe de peser la valeur du principe dont on les déduit. On a cru pouvoir enter sur cet événement l'idée mère des *Pensées*. « Dans ces pensées, dit-on[3], il en est une rarement exprimée, mais qui domine et se sent partout, l'*idée fixe* de la mort. Pascal a vu de près la mort, sans y être préparé, et il a eu peur. Il a peur de mourir, il ne veut pas mourir, et, ce parti pris en quelque sorte, il s'adresse à ce qui pourra lui garantir le plus sûrement l'immortalité de son âme. C'est pour l'immortalité de son âme, et pour elle seule, qu'il cherche Dieu. » Voilà l'accident du pont de Neuilly transformé déjà

<hr>

[1] Cousin, *Des Pensées de Pascal.*

[2] Sainte-Beuve, *Port-Royal,* nouvelle édition. — Henri Martin, *Histoire de France.*

Cousin, *Des Pensées de Pascal.*

en *idée fixe* dans l'esprit de l'auteur des *Pensées*. De l'idée fixe de l'abîme au bord duquel il se serait vu un moment suspendu, à l'abîme imaginaire que Pascal voyait, dit-on, sans cesse à ses côtés, il n'y a qu'un pas; ce pas, on n'a pas tardé à le faire, et voici ce qui a été imprimé récemment en tête d'une édition [1] populaire des *Pensées* de Pascal : « En 1654, il fut victime d'un terrible accident, au pont de Neuilly. Les chevaux du carrosse dans lequel il faisait une promenade prirent le mors aux dents et se précipitèrent dans la Seine. Les traits se rompirent et la voiture fut sauvée. Mais l'imagination de Pascal fut ébranlée, et il crut, depuis ce funeste événement, voir un précipice béant sans cesse entr'ouvert à ses côtés. Le véritable précipice, les commentateurs s'accordent à le faire remarquer, c'était le doute dans lequel la raison du penseur s'était engloutie. Ce fut en proie à ces terreurs que Pascal passa les dernières années de sa vie. »

Évidemment un tel état relève de la médecine. Aussi a-t-elle fini par s'emparer de ce cas si intéressant de commotion cérébrale. « La crise nerveuse qui accompagna pour Pascal la vue du danger n'ébranla pas seulement, dit-on [2], toutes ses idées, elle laissa des traces sensibles et durables dans son imagination. Depuis cette époque, il vit presque constamment un précipice ouvert à ses côtés. Peut-être la forme et, si nous osons le dire, le siége de cette *hallucination* étaient-ils depuis longtemps préparés par la nature de ses préoccupations morales. Mais dès lors s'effaça l'intervalle qui sépare les rêves de la raison d'avec les rêves de la folie. Les erreurs de la sensibilité ne s'arrêtèrent pas même à cette limite; ce sublime philosophe fut dupe au moins une fois de la tendance maladive de ses idées à se porter au dehors. L'amulette trouvé dans le pourpoint de l'illustre défunt était le mémorial d'une vision que Pascal aurait eue un mois environ après l'accident du pont de Neuilly. Pascal a fini par voir des yeux du corps ce qu'il croyait apercevoir depuis longtemps avec les yeux de l'esprit. Il y a eu, en un mot, déplacement de la subordination normale de la sensation vis-à-vis de l'idée. »

---

[1] *Bibliothèque nationale.*

[2] Esquiros, *Paris au XIXᵉ siècle : Les maisons de fous,* p. 62. — Lélut, *Amulette de Pascal, passim.*

Voilà donc ce qu'a fait de Pascal, aux yeux de la moderne et positive science, l'accident du pont de Neuilly. L'auteur des *Provinciales,* le géomètre qui, pour faire diversion à ses souffrances physiques, résolvait le problème de la roulette; l'écrivain qui, à ses heures plus calmes, jetait sur le papier ces pensées sublimes qui seront l'éternel étonnement de tous ceux qui ont étudié le cœur humain, subissait l'influence, la tyrannie d'une *idée fixe.*

Il aurait trouvé toute faite, au lit des malades qui habitent certains hospices, l'étiquette de sa maladie; tel médecin d'aliénés serait peut-être venu offrir ses services à ce grand halluciné. La logique est impitoyable; une fois les principes posés et admis, aucune conséquence ne l'arrête. On a beau protester au nom du bon sens et crier: holà! l'impassible logique suit son cours et procède à ses exécutions.

« Si la foudre tombait sur les lieux bas, dit Pascal, les poëtes et ceux qui ne savent raisonner que sur les choses de cette nature manqueraient de preuves. » Voyons de même si ceux qui ont suspendu cet amas de conséquences énormes au bord de l'abîme du pont de Neuilly ne se sont pas laissés emporter par une imagination trop prompte, et un peu semblable en ses allures à ces chevaux de volée qui imprimèrent, suivant la version vulgaire, au carrosse et au cerveau de Pascal une si terrible secousse.

Un fait qui frappe tout d'abord, c'est l'absence de toute allusion à cet accident dans les biographies et les articles sur Pascal qui remontent au delà de la seconde moitié du xviiie siècle. Ni Moréri, ni Bayle, n'en font la moindre mention. Voltaire, en 1741, ne paraît pas l'avoir connu; car, dans sa lettre à S'Gravesande, parlant de l'abîme que Pascal croyait voir, dit-il, à côté de sa chaise, pendant la dernière année de sa vie, il n'aurait pas manqué de rappeler l'abîme de Neuilly. Ce n'est que vers la fin du xviiie siècle, lorsque les Mémoires de Marguerite Périer eurent été communiqués aux nouveaux éditeurs des *Pensées,* que parait s'être ébruitée l'anecdote. Elle est racontée dans tous ses détails et avec toutes ses conséquences dans l'*Encyclopédie,* et la date impossible qu'on lui assigne, qui est celle du monument que Condorcet affuble si étrangement du nom d'amulette, en montre bien l'origine. On n'a guère fait depuis que reproduire cet article de l'Encyclopédie, jusqu'à ce que M. Cousin eût fait connaître, en 1842, les vraies sources où il fallait aller puiser l'histoire authentique de Pascal.

On peut donc, sauf communication de nouvelles pièces, dire avec M. Cousin [1], qui étudia avec un soin si minutieux et si heureux tous les manuscrits de Pascal, ou ceux qui concernent sa personne : « Voici le seul témoignage authentique qui nous soit parvenu au sujet de l'aventure du pont de Neuilly ; *il n'y en a pas d'autre trace* dans tous les papiers qui ont passé sous nos yeux :

« M. Arnoul, chanoine de Saint-Victor, curé de Chamboursy, dit qu'il a appris de M. le prieur de Barillon, ami de M. Périer, que M. Pascal, *quelques années avant sa mort,* étant allé, selon sa coutume, un jour de fête, à la promenade au pont de Neuilly, avec un carrosse à quatre ou six chevaux... (Suit le récit de l'accident. On ajoute :) « Ce qui fit prendre à M. Pascal la résolution de rompre ses promenades, et de vivre dans une entière solitude. »

Ainsi voilà ce fameux accident, dont les conséquences furent, dit-on, si considérables sur la résolution de Pascal, qui reste inconnu au temps où il s'est produit et de ceux-là mêmes qu'il intéressait le plus. Ni Port-Royal tout entier, qui devait à cet accident une conversion si célèbre, ni Pascal lui-même, ni sa sœur Jacqueline, d'abord son intime confidente, ensuite constituée sa directrice pendant le temps que dura la conversion ; ni Mme Périer, qui, écrivant la vie de son frère, après sa mort, avait eu le temps d'apprendre les faits qui auraient échappé à Jacqueline ; ni Marguerite Périer, la miraculée de la *sainte épine,* la nièce de Pascal, morte en 1733, après une vie passée à recueillir tous les renseignements qui concernaient sa famille, ne font mention de cet accident dans les écrits qui nous en sont restés ; de sorte que cette histoire ne peut plus apparaître que comme une pure anecdote, publiée plus d'un siècle après l'événement et après la mort de tous ceux qui auraient eu autorité pour la démentir.

Quoique le récit dont nous contestons la vérité soit tiré des Mé-

---

[1] *Des Pensées de Pascal,* appendice.

moires de Marguerite Périer, c'est à bon droit qu'on peut s'appuyer sur l'autorité même de ces Mémoires pour le combattre.

D'abord la nièce de Pascal y raconte en son propre nom les détails de la conversion de son oncle, et, dans ce récit, il n'est fait aucune mention de l'accident. Elle affirme tout le contraire de ce que M. Arnoul aurait entendu dire touchant les motifs qui déterminèrent Pascal à quitter le monde. De plus ces affirmations et les détails sur lesquels elles portent, sauf une inexactitude, dont nous croyons avoir découvert la vraie origine, s'accordent de tout point avec celles des deux sœurs de Pascal et de Pascal lui-même.

En second lieu, l'histoire de l'accident n'est point racontée au nom de Marguerite Périer : c'est M. Arnoul qui le dit, et encore ce n'est pas même en son nom qu'il le dit; c'est à M. Barillon qu'il dit l'avoir entendu dire; or de qui M. Barillon l'avait-il appris? C'est ce qu'on n'indique point; on le cite seulement comme un ami de M. Périer. En vérité, y a-t-il un récit moins fondé, et pour ainsi dire plus en l'air? Est-il possible de croire que cette note soit de Marguerite Périer elle-même, et que, dans la même page, elle ait pu songer à faire du même événement deux récits contradictoires? Cette note n'aurait-elle pas été ajoutée plutôt par le copiste? Car, d'après M. Cousin, l'écriture du manuscrit, étant de la seconde moitié du xviiie siècle, ne saurait être de Marguerite, morte en 1733. Mais, en écartant cette idée d'une interpolation du copiste dans un manuscrit qui offre d'ailleurs le plus grand désordre, pourrait-on y voir autre chose qu'une intention de réfuter une anecdote fausse, comme on en trouve tant sur les personnages illustres, en la mettant face à face, dans une sorte de confrontation, avec l'histoire véritable? D'ailleurs n'est-ce pas pour bien faire entendre toute la valeur des dires de ce bon curé de Chamboursy, qu'on lui fait témoigner, dans la même page, qu'il avait vu Pascal trouver, en comptant sur ses doigts, qu'un troupeau de moutons en contenait quatre cents; et que ce même Pascal, qu'il disait, quelques lignes plus haut, vivre dans une entière solitude, quand il se trouvait devant les gens du commun, semblait toujours en colère et vouloir jurer; ce qui, ajoute malicieusement l'auteur de la note, *est assez plaisant?*

Si maintenant on regarde au récit en lui-même, on trouvera

qu'il manque de précision; les indications en sont vagues; le pont
de Neuilly seul y est désigné, chose d'ailleurs facile, puisque c'était
vers cette avenue que se dirigeaient alors toutes les promenades en
voiture. Des amis qui accompagnaient Pascal aucun n'est nommé;
la date de l'événement n'est point indiquée, ou plutôt l'indication
qui s'y trouve trahit l'ignorance de la biographie de Pascal; car l'accident, s'il avait eu lieu, n'aurait pu s'être produit que pendant sa
vie mondaine, c'est-à-dire huit ou neuf ans avant sa mort. Or un
homme bien informé aurait-il pu désigner par ces mots : *quelques
années avant sa mort,* cette longue et importante partie de la vie de
Pascal, dans laquelle il écrivit les *Provinciales* et les *Pensées?* Mais
l'erreur capitale qui ôte à ce récit toute valeur intrinsèque, c'est la
manière dont est expliquée la retraite de Pascal. Quand on a été
aux sources, il est impossible d'admettre que Pascal ait quitté le
monde pour les motifs qu'on mentionne, et je suis heureux en ce
point de pouvoir m'appuyer sur l'autorité très-grave de M. Sainte-
Beuve et de M. Henri Martin. Or un récit qui est manifestement
faux dans sa partie essentielle peut-il, quand il est complétement
isolé, faire foi dans les autres? Aussi M. Cousin n'a-t-il pas manqué
de faire remarquer le silence de Jacqueline sur l'accident du pont
de Neuilly. Voici comment il s'exprime : « Il est vraiment bien sin-
gulier que Jacqueline Pascal, dans la lettre où elle raconte à sa
sœur les motifs et les détails de la conversion de son frère, ne dise
pas un seul mot d'un accident aussi terrible, dans lequel, si elle
l'eût connu (et comment aurait-elle pu l'ignorer?), elle n'aurait pas
manqué de faire voir le doigt de Dieu. »

En effet, aux yeux de ceux qui ont regardé comme une thèse pi-
quante de prendre l'accident du pont de Neuilly comme le point
de départ d'une explication systématique des œuvres morales et
religieuses de Pascal, rien n'aurait dû paraître plus digne de re-
marque que le silence absolu, non pas seulement de la sœur pré-
férée de Pascal, de celle qui fut choisie par lui pour sa confidente
dans cette crise morale, et qui lui fut ensuite donnée comme directrice par M. Singlin; mais que le silence de toute la famille, et de
Pascal lui-même, sur un événement dont les suites auraient été si
graves. Peut-on admettre qu'une famille au sein de laquelle s'était

opéré le miracle de la *sainte épine,* que tout le parti janséniste, qui avait fait tant de bruit de ce miracle, que Pascal, qui, à cette occasion, composa tout un long chapitre sur les miracles, que tant de personnes si disposées à rendre grâce à Dieu des faveurs qu'elles en recevaient, aient omis de faire la plus petite allusion à un événement qui, assurément, tient aussi du prodige? Comment, s'il eût été réel, le miracle accompli en faveur de l'oncle ne serait-il pas venu à la pensée de ceux qui célébraient le miracle opéré en la personne de la nièce?

Il est, dans ce chef-d'œuvre de critique qui a pour titre *Port-Royal,* une page empreinte du plus fin atticisme et où justice est à tout jamais faite de cette légende de l'abîme que Pascal aurait toujours vu béant à ses côtés. Eh bien! l'accident du pont de Neuilly repose sur des *on dit* plus futiles encore; car enfin l'abîme, l'abîme imaginaire, c'est l'abbé Boileau, du moins, qui en prend la responsabilité; il n'en a point été témoin lui-même, mais il sait, dit-il, l'histoire d'original; tandis que, pour établir la vérité de l'abîme réel de Neuilly, on en est réduit à accepter pour oracle la seule voix d'une note anonyme, rapportant des bruits vagues qu'un ami de M. Périer aurait rapportés au curé de Chamboursy. Et cela, pendant que, à la même page, la nièce de Pascal atteste le contraire, dans un récit circonstancié, qui confirme et complète les récits de sa mère et de sa tante, et les aveux de Pascal lui-même. Voici les paroles de Marguerite Périer :

« Quand mon oncle ne fut plus préoccupé ni de sciences ni de choses de piété, qui portent avec elles leur application, il lui fallut quelque plaisir : il fut contraint de revoir le monde, de *jouer* et de se divertir. Dans le commencement, cela était modéré; mais insensiblement le goût en vint, il se mit dans le monde, sans vices néanmoins ni dérèglements, mais dans l'inutilité, le plaisir, l'amusement. Mon grand-père mourut; il continua à se mettre dans le monde avec même plus de facilité, étant maître de son bien; et alors, après s'y être un peu enfoncé, il prit la résolution de suivre le train commun du monde, c'est-à-dire de prendre une charge et se marier; et, prenant ses mesures pour l'un et pour l'autre, il en conféra avec ma tante, qui était alors religieuse, qui gémissait de voir celui qui lui avait fait connaître le néant du monde s'y plonger lui-même par de tels engagements. Elle l'exhortait souvent à y renoncer; il l'écoutait, et ne laissait pas de pousser toujours ses desseins. Enfin Dieu permit qu'un jour de la *Conception* de la sainte Vierge il allât voir ma tante et demeurât au parloir avec elle durant qu'on disait nones, avant le sermon; lorsqu'il fut achevé de sonner, elle le quitta, et lui, de son côté, entra dans l'église pour entendre le sermon, sans savoir que c'était là où Dieu l'attendait. Il trouva le prédicateur en chaire; ainsi il vit bien que ma tante ne pouvait pas lui avoir parlé. Le sermon fut au sujet de la conception de la sainte Vierge, sur le commencement de la vie des chrétiens, et sur l'importance de les rendre saints, en ne s'engageant pas, comme font presque tous les gens du monde, par *l'habitude,* par la *coutume et par des raisons de bienséance toutes humaines, dans les charges et dans les mariages.* Il montra comment il fallait consulter Dieu avant que de s'y engager, et bien examiner si l'on pourrait faire son salut, si l'on n'y trouverait point d'obstacle. Comme c'était là précisément son état et sa disposition, et que le prédicateur prêcha avec beaucoup de véhémence et de solidité, il fut vivement touché, et, croyant que tout cela avait été dit pour lui, il le prit de même; ma tante alluma autant qu'elle put ce nouveau feu, et mon oncle se détermina peu de jours après à rompre entièrement avec le monde. »

On voit que, dans ce récit si détaillé, il n'y a pas de trace d'abîme, soit réel, soit imaginaire. Il renferme toutes les circonstances qui avaient été auparavant rapportées par Mme Périer dans la Vie de Pascal; celles qu'il y ajoute paraissent comme ayant dû naturellement venir à la suite des premières.

Marguerite omet néanmoins certains détails donnés par Jacqueline, et cette omission semblerait indiquer une tendance, bien naturelle d'ailleurs dans l'ancienne miraculée de la *sainte épine,* à accuser davantage dans la conversion de Pascal l'intervention miraculeuse de la grâce. Selon Marguerite, la conversion se serait presque sans transition opérée tout à coup, à la suite d'un sermon. Les lettres de Jacqueline indiquent mieux les degrés par lesquels dut passer l'âme de son frère; elle nous apprend, par une lettre du 8 décembre 1654, que Pascal ressentait depuis plus d'un an un grand mépris du monde et *un dégoût presque insurmontable de toutes les personnes qui en sont;* que ce dégoût le porta à venir de lui-même, vers la fin de septembre 1654, s'ouvrir à elle d'une manière qui lui fit pitié; que dès lors elle conçut des espérances qu'elle n'avait jamais eues; que les visites de Pascal devinrent, à partir de ce moment, si fréquentes et si longues, qu'elle pensait n'avoir plus d'autre ouvrage à faire; qu'elle se contentait néanmoins de le suivre sans user d'aucune sorte de persécution, et qu'elle le voyait croître de telle sorte qu'elle ne le connaissait plus.

Alors survint entre le frère et la sœur un différent très-important à noter pour arriver à préciser exactement les dates des différents actes de ce drame intime. Il s'agissait de choisir un directeur, mais Pascal hésitait à se confier à celui *qui était tout trouvé*, l'austère M. Singlin. « Je vis clairement que ce n'était qu'un reste d'indépendance caché dans le fond du cœur, qui faisait arme de tout pour éviter un assujettissement. » Jacqueline expose ensuite les raisons qu'elle opposait à cette révolte d'une âme bouillante et fière, et elle ajoute : « *Il ne me souvient plus* si ce furent ces raisons qui le firent rendre, ou si ce fut la grâce qui dissipa tous les nuages *sans se servir de raisons;* mais, *quoi qu'il en soit, il fut bientôt rendu*[1]. » Ici, comme pour suppléer au souvenir de Jacqueline, et pour combler une lacune signalée en quelque sorte par elle-même, se place tout naturellement l'histoire du sermon.

Ainsi l'événement, le *signe* qui détermina la résolution définitive de Pascal, ce ne fut pas cette catastrophe mélodramatique du pont de Neuilly, mais la chose la plus ordinaire, la plus commune, un sermon. Pascal se serait converti, comme un simple mortel, sous l'inspiration d'une sœur tendrement chérie, secondée par l'éloquence véhémente d'un prédicateur dont le nom ne nous est pas parvenu. Pascal aurait reconnu la voix de Dieu même dans cette parole que le hasard lui aurait fait entendre, et qui répondait si bien aux pensées et aux combats qui occupaient son âme. Tout ceci est peut-être peu propre à frapper l'imagination; on n'y trouve pas

---

[1] Lettre du 25 janvier 1655.

ample matière aux grandes métaphores ; mais la poésie et l'imagination ont déjà un assez vaste domaine sans leur permettre encore
d'envahir celui de la vérité. Il en sera de l'aventure du pont de
Neuilly comme de ce *ciel* qu'une faute d'impression avait fait lire
au lieu du mot *œil*, et que Pascal aurait fait graver sur son cachet,
après le miracle de la *sainte épine.* « Nous avons tous, est-il dit dans
une de ces notes qui rendent si précieuse la seconde édition de
Port-Royal, nous avons tous répété ce ciel qui s'enfermait dans une
couronne d'épines, et moi-même, s'il m'en souvient, j'ai tâché de
l'admirer. Hélas ! en regardant de plus près, il en est de ce ciel
du cachet de Pascal comme de l'abîme qu'il voyait, dit-on, à ses
côtés. Ces deux symboles se sont évanouis : je regrette la faute
d'impression. »

Cependant il reste une difficulté dans le récit de Marguerite Périer ; elle est même assez sérieuse au premier abord, et, quoique je
ne l'aie vue signalée nulle part, elle mérite une grande attention.
L'analyse qu'on y fait du sermon qui aurait déterminé la conversion
de Pascal est trop détaillée pour ne pas porter tous les caractères de
la sincérité et mériter la confiance. On pourrait d'ailleurs trouver
dans les *Pensées* des passages sur la manière dont les vocations se
déterminent dans le monde, qui semblent n'être qu'une reproduction de ce même sermon et qui attestent que Pascal en avait
conservé le souvenir[1]. Néanmoins ce sermon est placé à une date
certainement fausse : c'est le jour de la Conception de la Vierge,
c'est-à-dire le 8 décembre, qu'il aurait été prononcé, et la résolution de Pascal n'aurait été définitive, d'après le récit de Marguerite,
que quelques jours après cette date. Or deux monuments irrécusables prouvent qu'à cette date Pascal s'était déjà définitivement rangé sous l'austère direction de Port-Royal. Le premier et le
plus important est le billet commémoratif de sa conversion, que
Pascal porta toujours sur lui jusqu'à sa mort, et qui est daté du
23 novembre et non du 8 décembre. Le second est la correspondance de Jacqueline Pascal, dont nous avons déjà parlé. Par une

[1] Voyez en particulier aux pages 147, 150, 160 et 414 de l'édition des *Pensées*
publiée par M. Charles Louandre.

lettre datée du 8 décembre, elle annonçait à Mme Périer la conversion de son frère comme un fait déjà accompli au moins depuis quelques jours. Si l'on examine d'ailleurs le sujet du sermon et la manière dont il fut traité, on ne comprend pas bien les rapports qui peuvent exister entre des conseils sur le choix d'un état de vie et l'objet même de la fête de la Conception. On ne trouve pas dans les sermonnaires de plan semblable pour cette fête ; nous sommes donc en présence d'un double obstacle : une date fausse d'abord, et ensuite une incompatibilité entre le sujet du sermon et l'objet de la fête à l'occasion de laquelle le sermon aurait été prononcé.

Pour résoudre cette difficulté, ne pourrait-on pas conjecturer que la cause de l'erreur vient de la date qui est en tête de la lettre de Jacqueline Pascal, que sa nièce avait jointe elle-même à ses Mémoires, sans doute comme pièce à l'appui? Elle aura confondu la date de la lettre par laquelle on apprit à Clermont, dans la famille, la première nouvelle de la conversion de son oncle, avec celle du sermon qui l'avait déterminée. Elle savait que c'était à la suite d'un sermon que son oncle avait senti les impressions efficaces de la grâce, et que ce sermon avait été prononcé à l'une des fêtes de la Vierge. Pour déterminer quelle était cette fête, elle consulta les lettres de sa tante à sa mère, et elle trouva sur la première en date celle du 8 décembre, jour de la Conception. Cette concordance décida son choix. Mais, si les manuscrits de son oncle avaient été plus faciles à déchiffrer et à consulter, en jetant les yeux sur le billet autographe de Pascal, commémoratif de sa conversion, elle eût bientôt reconnu que la fête qu'elle cherchait ne pouvait être placée que parmi celles qui précèdent le 23 novembre. Or il se rencontre que la fête de la Présentation de la Vierge se trouve placée deux jours seulement avant la Saint-Clément, jour décisif dans la vie de Pascal ; la fête de la Présentation étant consacrée au souvenir de la journée où la Vierge, selon la tradition, vint dans le temple renoncer au monde et se consacrer tout entière au service des autels, offrait naturellement au prédicateur l'occasion de parler avec véhémence contre ceux qui, sans de mûres réflexions, s'engagent dans le monde plutôt que de suivre l'exemple de la Vierge en se vouant à la vie religieuse. Il existe une ébauche de sermon de Bossuet sur cette fête, où l'on trouverait le germe de développements semblables; mais dans la *Bibliothèque des prédicateurs,* par le père Houdry, on peut lire un plan de sermon pour la Présentation de la Vierge, presque identique à celui qui fut prêché à Port-Royal.

Si donc on ne regardait pas comme excessif d'admettre que le mot de Conception de la Vierge se soit substitué à celui de Présentation de la Vierge dans le souvenir de Marguerite Périer ou sous la plume du copiste qui transcrivit ses manuscrits, voici comment, d'après des pièces originales, des papiers de famille et les témoignages des deux sœurs de Pascal, de sa nièce et de Pascal lui-même, on pourrait désormais marquer la succession et les principales dates des événements qui se rattachent à sa dernière conversion.

Vers la fin de septembre 1654, Pascal va trouver sa sœur à Port-Royal de Paris et lui confie le dégoût qu'il éprouve depuis longtemps pour la vie mondaine. Jacqueline encourage son frère, et tâche de lui persuader de se mettre sous la conduite de M. Singlin. Pascal hésitait encore entre la direction de Port-Royal et celle du curé de sa paroisse, lorsque, le jour de la Présentation de la Vierge, la parole véhémente d'un prédicateur de Port-Royal met fin à ces incertitudes. En effet, un monument solennel dans son étrangeté même, un écrit dont la lecture impartiale ne saurait produire qu'une impression de sympathie et de respect, bien qu'il ait été méconnu et qualifié d'amulette, ce billet que Pascal ne confia à personne, mais qu'il porta sur lui le reste de sa vie, nous apprend que, le surlendemain de la Présentation de la Vierge, le 23 novembre 1654, depuis environ dix heures et demie du soir jusque vers minuit et demi, Pascal se sentit saisi d'une de ces émotions profondes qui marquent dans la vie les heures décisives. Cet état passionné et ardent, il le désigne d'un mot : *Feu.* C'est qu'il a enfin compris, les *Pensées* nous l'apprendront plus tard sous mille formes diverses, que le Dieu dont son âme est avide, *c'est le Dieu d'Abraham, d'Isaac et de Jacob, non celui des philosophes et des savants.* Alors, en homme épris de vérité, il s'écrie : *Certitude! Certitude!* C'est l'εὕρηκα d'Archimède. Aussitôt il ajoute : *Sentiment!* C'est-à-dire que la certitude qu'il a trouvée, c'est la certitude du sentiment, la meilleure, la plus forte. Cette idée deviendra encore un des fondements de sa doctrine dans le livre des *Pensées*. Cette vive intuition inonde de *joie* son âme; il goûte enfin la *paix*. Désormais son Dieu sera le *Dieu de Jésus-Christ. Oubli du monde et de tout*, se dit-il, *hormis Dieu. Il ne se trouve que par les voies enseignées dans l'Évangile;* point de vue qui se reproduira aussi sans cesse dans les *Pensées.* En même temps se révèle à lui la *grandeur de l'âme humaine*, sur laquelle il devait plus tard jeter de si vives clartés; et il ajoute : *Père juste, le monde ne t'a point connu, mais je t'ai connu.* Puis viennent ces mots, qui terminent le premier acte de ce drame sublime : *Joie! joie! pleurs de joie!*

Jusqu'à présent nous n'avons assisté qu'à une sorte d'illumination intellectuelle; nous avons vu jaillir comme des éclairs, au milieu de cette tempête de l'âme et de ce raisonnement passionné, les idées qui seront le germe et l'essence du livre des *Pensées*. Ce moment fut pour Pascal ce qu'avait été pour Descartes la journée passée dans ce fameux poêle d'Allemagne, ce que fut pour Malebranche la première lecture du *Traité de l'homme* de Descartes.

Après cette effusion de joie, Pascal se reporte vers sa vie passée; alors son âme entre en tristesse, et l'on voit commencer le second acte de la lutte qui est comme l'agonie de cette âme qui meurt au monde. *Jésus-Christ*, dit-il, *je m'en suis séparé, je l'ai fui, renoncé, crucifié; que je n'en sois pas séparé!* Ici nous nous trouvons dans un ordre d'idées analogues à celles qu'il avait confiées à sa sœur Jacqueline. Mais dans cet écrit intime où Pascal se parlait à lui-même et où il parlait à Dieu, remarquons qu'il n'y a pas trace d'allusion à l'anecdote que nous avons antérieurement réfutée. Ce silence est décisif.

Enfin le drame se dénoue par ces mots, exprimant une résolution sur laquelle Pascal ne reviendra plus : *Renonciation totale et douce; soumission totale à Jésus-Christ et à mon directeur.*

C'est à partir de ce moment que Jacqueline dut voir cesser toutes les résistances de son frère à l'endroit du directeur, et qu'elle put écrire à Mme Périer « qu'elle le voyait croître, de manière à ne plus le reconnaître, en humilité, en mépris de soi-même, et en désir d'être anéanti dans l'estime et la mémoire des hommes. » Le 8 décembre, elle écrivait qu'il était tout rendu à la conduite de M. Singlin, et, un peu moins de deux mois après, elle annonçait qu'il avait pris une cellule à Port-Royal.

IMPRIMERIE IMPÉRIALE. — 1869.

BIBLIOTHÈQUE NATIONALE DE FRANCE

3 7502 01001583 3

www.ingramcontent.com/pod-product-compliance
Lightning Source LLC
Chambersburg PA
CBHW051423060726
47596CB00006B/2343